# TRULLI Style

CONGEDO PUBLISHING

# Contents

# INTRODUCTION

The other face of Salento Style, the Trulli Style.

Different twin of the same mother, Puglia, but with a proper character, separated and distinct. Made of whites, light, energy. Identical and opposite to the crepuscular and nuanced tones of Salento Style, of its lands, its amber stones and its introspections. Like the sun and the moon, the day and the night. Two souls of the same system. Both charming, each one with its peculiar codes. Two situations that are often too simply catalogued as Salento and Itria Valley, but actually are two atmospheres very linked and connected, sometimes close, sometimes distant.

Basically the same aesthetic, declined in different colours. With vibrations that get and hold different sensibilities, complementary emotional seasons. Two gravitational poles, equally strong and different, with the same root, the same history, but a different landscape and a different horizon.

Trulli Style are unique architectures for their relationships with nature: the sea, the land, the wind, the sun. But overall unique in their shape. Wrapped in themselves. With a smooth, rounded performance, without corners, almost an ancestral call to a mother breast and uterus. Natural magnets for a taste of details, which become a religion, a source of joy, a continuous research. The materials become a second skin, to care like the most important things.

Trulli Style is not just the aesthetic built up through the restorations of Trulli, Lamie and Torrette of Ostuni in the last few years. Trulli Style is a magnetic field that touches deeply, with thousand of declinations and possible readings, it is an emotion, a vertigo, a brainwave. And after that, a wonderful habit. That has a proper physical space. But also an important spiritual and intellectual dimension, that turns on even from far away, in thoughts, memories, planning.

The miracle of Trulli Style is exactly in its special strength. Intimate, lonely and focused on its structure, light, convivial, sunny in its expression. Like a ribbon rolled up in a centre, that gets free and sublimely dances.

# INTRODUZIONE

L'altra faccia del Salento Style, il Trulli Style.

Gemello diverso di una stessa madre, la Puglia, ma con una propria personalità separata e distinta. Fatta di bianchi, di chiari, di luce, di energia. Uguale e contraria ai toni crepuscolari e sfumati del Salento Style, delle sue terre, delle sue pietre ambrate, delle sue introspezioni piene di spleen. Un po' come il sole e la luna, il giorno e la notte. Due anime di una stesso sistema. Entrambe affascinanti, ciascuna con propri codici peculiari. Due situazioni che semplicisticamente troppo spesso vengono catalogate come Salento e Valle d'Itria, ma che invece sono due atmosfere molto più intrecciate e sfumate, a tratti vicine, a tratti lontane. In fondo la stessa estetica, ma declinata in cromie diverse. Su vibrazioni che colgono e accolgono sensibilità differenti, stagioni emotive ed emozionali complementari, ma non contemporanee.

Due poli gravitazionali, ugualmente forti per differenza, con la stessa radice, la stessa storia, ma un paesaggio ed un orizzonte diversi. Architetture, quelle del Trulli Style, uniche già nel rapporto con gli elementi: il mare, la terra, il vento, il sole. Ma soprattutto nelle forme. Avviluppate in se stesse. Raccolte. Dall'andamento morbido, tondeggiante, senza angoli, forse richiami ancestrali ad un seno materno, ad un utero.

Calamite naturali  per un gusto che fa del dettaglio una religione, una ragione di gioia, un obiettivo di ricerca. E dei materiali una seconda pelle, un film da stendere come su se stessi, con quella cura e quella grazia che si riserva alle cose più care.

Perché il Trulli Style non è solo quell'estetica di riferimento che si è andata configurando attraverso gli interventi di recupero su trulli, lamie e torrette ostunesi degli ultimi anni in Puglia. Il Trulli Style è un campo magnetico che tocca corde molto profonde e, nelle mille declinazioni ed interpretazioni possibili, è una vertigine, un'emozione, una folgorazione. E poi una meravigliosa consuetudine. Che ha un proprio spazio fisico. Ma anche una dimensione spirituale ed intellettuale importante. Che si accende anche da lontano. Nel pensiero, nel ricordo, nella progettazione.

Perché il miracolo del Trulli Style è proprio nella sua specialissima forza. Tanto più intima, solitaria e concentrata nella sua impostazione, tanto più leggera, conviviale e solare nelle sue espressioni. Come un nastro che si raccoglie intorno ad un centro, ma poi si libera e si stende in una danza sublime.

## aristocratic trulli style
# Trulli in masseria

An aristocratic, ancient masseria, in the heart of Itria Valley, with a spectacular parade of old trullis. A lot of them. Austere, untouched, charming. Different from each side. From above, from below, from the back. Like under a spell.

And a unique, special atmosphere inside. Made by a natural chemistry between the ascetic rigour of the structure and its comfortable interiors. Everything exactly identical to the past. But with a new, exciting shine. Warm and friendly, cosy and elegant. With the fireplace as the ideal and real centre of the house, a place where to meet, rest and chat.

A world to discover and to understand. In its majesty and in its details. The teamwork of two architects, father and daughter, on one loved family property.

Above, the entrance to the trullo.
In alto, l'entrata al trullo.

Right, the outdoor patio.
A destra, un patio esterno.

Next pages, the exterior with the parade of trullis.
Nelle pagine seguenti, l'esterno con la grande parata di trulli.

Un'aristocratica masseria con trulli, nel cuore della Valle d'Itria, con una spettacolare parata di coni. Tantissimi. Austeri, intatti, fascinosi. Diversi ad ogni prospettiva. Dall'alto, dal basso, davanti, dal retro. Come sotto un incantesimo.

Ed una specialissima atmosfera all'interno. Creata da una naturale chimica tra il rigore ascetico dell'architettura e i suoi arredi accoglienti. Tutto esattamente come nel passato. Ma animato da un nuovo, sofisticato, smalto. Insieme caldo, intimo, elegante. Con il camino come centro reale ed ideale della casa, un luogo dove ritrovarsi, dove riposare, dove chiacchierare.

Un mondo da scoprire e da capire. Nella sua maestosità e nei dettagli. Il lavoro di squadra di due architetti, padre e figlia, su una loro amata proprietà di famiglia.

The living room with the fireplace.
Il soggiorno con il camino.

Right, the dining room with the ancient family's furniture.
A destra, la sala da pranzo con gli antichi mobili di famiglia.

Next pages, the bedroom.
A corner of the small sitting room.

Nelle pagine seguenti, la camera da letto.
Un angolo del salottino.

Above, a view of two twin cones.
In alto, una veduta di due coni gemelli.

Left, another outdoor patio.
A sinistra, un altro patio esterno.

# Trulli procession

The allure of this trullo is in the magnificent surrounding nature and in the details. The appeal of a parade of several cones on a level land of Fasano's Selva, a little bit hidden, at the end of a bend in the mountain. And the multitude of details, studied, chosen and selected by the owners.

A place governed by the aesthetic of simplicity. Where the restoration has been accompanied by a taste, very peasant, very easy and very Apulian of presenting everything with grace.

A philological research allowed to awake a mood of peace and comfort, good for every season, so everything seems as if the ancient "genius loci" keeps an eye on this trullo, even when it is empty, and prepares the house at its best for the return of the guests.

Il fascino di questo trullo è nella magnifica natura intorno e nei dettagli. La bellezza di un'infilata di coni schierati su un pianoro della Selva di Fasano, un po' nascosti, alla fine di un'ansa della montagna. E la moltitudine dei dettagli, studiati, scelti e selezionati da padroni di casa.

Un luogo governato dall'estetica della semplicità. Dove la ristrutturazione è stata accompagnata dal gusto tutto contadino, fresco, pugliese, del presentare ogni cosa con grazia.

Una ricerca filologica ha permesso così di risvegliare un'atmosfera di pace e di comfort, viva in ogni stagione, tanto da dare l'impressione che l'antico "genius loci" tenga d'occhio questa proprietà anche quando non è abitata e che la prepari al meglio per il ritorno dei suoi ospiti.

Above, the entrance to the trullo.
In alto, l'entrata al trullo.

Right, the big outdoor dining table.
A destra, il grande tavolo da pranzo esterno.

Next pages, the exterior of the trullis.
Nelle pagine seguenti, il prospetto dei trulli.

A living room with the fireplace.
Il soggiorno con il camino.

Left, a guest room.
A sinistra, una camera da letto ospiti.

Different views of the kitchen.
Due diverse vedute della cucina.

Right, the big fireplace room.
A destra, la stanza col camino.

Next pages, the studio room.
The manor bedroom.

Nelle pagine seguenti, lo studiolo.
La camera da letto padronale.

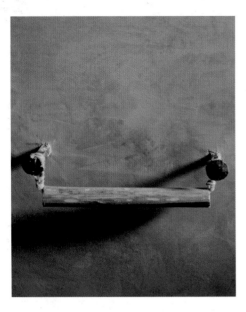

Above and left, different views of the cones.
In alto e a sinistra, diverse prospettive dei coni.

Previous pages, details.
Nelle pagine precedenti, dettagli.

The yellow "cocciopesto" bathroom.
Il bagno di cocciopesto giallo.

# Trulli manor

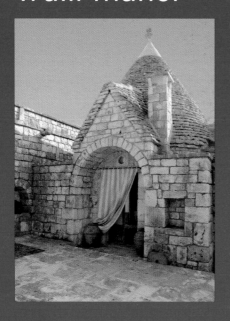

An ancient trullo bought and restored many years ago. When it wasn't yet a trend. Wanted for a striking, exciting sudden love. Like a passion for a beautiful woman, genuine and pure, whom the more you know, the more you love.

A real sentimental relationship between the owners and the place, made by a balance built little by little, with pieces left and re-found, links and separations, impulses and settlements, exuberances and needs. Until the delicate creation of a world that is intact outside as at the origin and is a perfect puzzle inside, where every corner can appeal and hold with different moods and fascinations.

Among the traces left on the stones, and stories that, trough the objects, tell about interests, travels, friendships. In a special melting-pot that, in its deepness, synthesizes a stylish unique aesthetic, result of sense and sensibility.

Un trullo antico, comprato e ristrutturato molti anni fa. Quando farlo ancora non era ancora di moda.Voluto per un amore improvviso, folgorante, entusiasmante. Come quello per una bella donna, genuina e autentica, che più si conosce e più si ama.

Una vera e propria relazione 'sentimentale' tra la proprietà e il luogo, fatta di equilibri costruiti a poco a poco, di pezzi lasciati e ritrovati, di collegamenti e di separazioni, di slanci e di assestamenti, di esuberanze e di necessità. Fino alla delicata creazione di un mondo intatto all'esterno e molto variegato all'interno, capace di sedurre e di accogliere con tante atmosfere, tante suggestioni.

Tra tracce lasciate sulle pietre e racconti, attraverso gli oggetti, di storie, interessi, amicizie, viaggi. In una mescolanza speciale che, nel suo spessore, sintetizza un'estetica chiara, frutto di ragione e sentimento, cifra di un gusto inimitabile.

Above, the entrance to the trullo.
In alto, l'ingresso al trullo.

Right, a romantic outdoor dining table.
A destra, un romantico angolo per pranzare fuori.

Next pages, the sofas under the fig's shadow.
Nelle pagine seguenti, i divani all'ombra del fico.

The dining room and the kitchen.
La sala da pranzo e la cucina.

A bedroom with twin beds.
Una camera con letti gemelli.

The fireplace room.
La stanza del camino.

Right, the main trullo, the entrance to the house.
A destra, il trullo più importante che fa da ingresso alla casa.

Previous pages, the manor bedroom with the poster bed and a sacristy's furniture.
Nelle pagine precedenti, la camera da letto padronale con il letto a baldacchino e un mobile di sagrestia.

Next pages, a guest room and a bathroom.
Nelle pagine seguenti, una camera da letto ospiti e un bagno.

Above, the pool.
In alto la piscina.

Left, a Berber tent.
A sinistra, una tenda berbera.

Previous pages, details.
The ancient stable.

Nelle pagine precedenti, dettagli.
La vecchia stalla.

contemporary trulli style
# Torretta ostunese

A white torretta that overlooks Ostuni. And, on the other side, the valley and the sea.
A contemporary renovation, inspired by the rule of a vital, colourful minimalism. An interpretation of traditional architecture that wants to distance itself from the ethnic, rustic, shabby, in the name of an austerity that is closer to the sensibility of the ancient structures and to the soberness of our cultures.
Then a radical choice. A small, circular entrance-studio and a transparent living to enjoy the landscape, but through vertical cuts, like theatre wings hanged on different sets. The town, an olive tree, the valley, a fig. And, at the centre of the hall, a silver spiral staircase, a real installation that arrives at the lower floor, where there are the bedrooms. Just design objects, ideated by Cosimo Cardone, and materials like mosaics and resins, used like a second skin, to dress by modern the ancient stuff.

Una torretta bianca che guarda Ostuni. E, dall'altro lato, la valle e il mare.
Una ristrutturazione in chiave contemporanea, ispirata dalla regola del minimalismo colorato e vitale. Un'interpretazione dell'architettura tradizionale che vuole prendere una netta distanza dall'etnico, dal rustico, dallo shabby, in nome di una austerità che, in fondo, è più vicina alla sensibilità delle strutture antiche e alla sobrietà delle nostre culture. Allora, una scelta estrema. Un piccolo ingresso studio circolare e un living trasparente che guarda il panorama intorno, ma per tagli verticali, per quinte tirate su set diversi. La città, un ulivo, la valle, un fico. Ed al centro della sala, una scala argento, una vera e propria installazione che porta al piano inferiore dove si trovano le camere da letto. Solo oggetti di design, progettati dal padrone di casa Cosimo Cardone, e materiali come mosaici e resine, usati come una seconda pelle, per vestire di moderno l'antico.

Above, the entrance to the torretta.
In alto, l'ingresso alla torretta.

Right, the poufs by Talent Italia.
A destra, i pouf di Talent Italia.

Next pages, the living room.
Nelle pagine seguenti, il soggiorno.

The bathroom with the colored mosaic and steel washbasin.
Il bagno con il mosaico colorato ed il lavandino in acciaio.

The corner of the kitchen.
L'angolo cucina.

Right, the indoor dining room.
A destra, la sala da pranzo interna.

Previous pages, the entrance studio room.
Alle pagine precedenti, l'ngresso-studio.

The spiral staircase.
La scala a chiocciola.

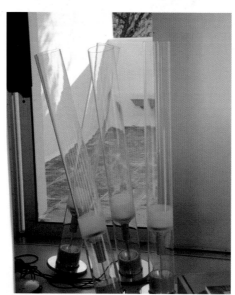

Above, the lime stairs.
In alto, la scaletta imbiancata a calce.

Left, an outdoor dining place.
A sinistra, il pranzo esterno.

Previous pages, the bedroom and details.
Alle pagine precedenti, la camera da letto e i dettagli.

## creative trulli style
# Trullino

In a silent countryside road in the Valle d'Itria, an enchanted Trullo, with dry and clean shape, and the grace of a perfect balance between past and present.

Outside a graceful simplicity, very peasant, very Apulian. A magnificent surrounding nature, where under the shadow of the olive trees, you can find the spirit of Trulli Style: modern and light, suave and relaxing. Wild nature, contemporary chairs and ancient stones. And the swimming-pool, that seems generated from a depression of the ground, like a little pond.

Inside, few, calibrated pieces of design furniture on a same theme, some ladders, that in the past people used to pick figs from trees. Called to become a kitchen's top, a bedside table, a towel rail. In a perfect mix of passion and tradition, genius and art.

In un tratturo silenzioso della Valle d'Itria, un trullo incantato, dalle forme chiare e pulite, e la grazia di un perfetto equilibrio tra passato e presente.

Fuori una semplicità garbata, contadina, pugliese. Una natura possente intorno, dove, all'ombra di un uliveto secolare, c'è tutta l'essenza del Trulli Style: modernità e luce, leggerezza e relax. Natura incontaminata, sedute contemporanee e pietra antica. E poi la piscina, quasi lì per caso, come nata da una depressione del terreno, come fosse una pozza d'acqua, uno stagno.

All'interno, pochi, calibrati, arredi di design ed un tema, le scalette in legno che un tempo si usavano per raccogliere i fichi. Chiamate a diventare il piano della cucina, il comodino, il portasciugamani.

In un perfetto mix di passione e tradizione, genio ed arte.

Above and right, the entrance to the trullo.

In alto e a destra, l'ingresso al trullo.

The bedroom with the ancient ladders of the fig tree.
La camera da letto con le scalette dell'albero di fico.

Left, the indoor dining room.
A sinistra, la sala da pranzo.

Next pages, details.
Nelle pagine seguenti, i dettagli.

The kitchen's corner.
L'angolo cottura.

Above and left, the wild garden.
In alto e a sinistra, il giardino.

Previous pages, the pool.
Nelle pagine precedenti, la piscina.

joyful trulli style
# Trullo with "lamia"

An ancient trullo, built in the "martinese" style, in the outskirts of Ceglie, rediscovered with all the emotional sentiments of the return journey. A Puglia that for a long time, was just imagined and dreamt, and then re-found in the roots of a family that decades ago had moved to the other side of the world. A Puglia sometimes surprising for its modernity, sometimes reassuring in its immobility. A Puglia that seems a world apart, where food, trees and peace are always the most important values.

A Puglia where returning each summer, hypnotizes and connects with the soul every time. Where the embrace of a circle of stones is like the warm, authentic, and endearing hug of someone met again after a long time.

Above, the entrance of the trullo.
In alto, l'ingresso al trullo.

Right, the pool.
A destra la piscina.

Next pages, the outdoor patio.
Nelle pagine seguenti, il patio esterno.

Un trullo antico, costruito alla martinese, ma nel territorio di Ceglie, riscoperto con tutta quella carica emozionale di un viaggio di ritorno. In una Puglia a lungo solo immaginata e sognata, e poi finalmente ritrovata insieme alla radici di una famiglia trasferita da generazioni dall'altra parte del mondo. Una Puglia a tratti sorprendentemente moderna, a tratti immobile, rassicurante. Una Puglia che sembra un mondo a parte. Dove la tavola, gli alberi, la tranquillità sono sempre i valori più importanti.
Una Puglia dove ritornare d'estate, una Puglia che ipnotizza ogni volta, che diventa un luogo dell'anima con cui connettersi. Dove sentire che un giro di pietre può essere un'architettura calda, avvolgente, autentica come l'abbraccio di chi si rincontra dopo molto tempo.

The kitchen with the vaulted celling.
La cucina con la volta a botte.

Right, the fireplace.
A destra, il caminetto.

A relax niche.
Una nicchia dedicata al relax.

The bathroom with the passer-by shower.
Il bagno con la doccia passante.

Left, the bed in another niche.
A sinistra, il letto in un'altra nicchia.

Above, the two lamias with the patio in the middle.
In alto, le due lamie con il patio nel centro.

Left, a view of the three trullis built "alla martinese".
A sinistra, una veduta dei tre trulli costruiti "alla
martinese".

minimal trulli style

# Torretta with the ancient arbor

A little "torretta ostunese", between secular olive trees and oaks, white for many layers of lime and refined by a frivolous pergola on one side. Linked to a lamia and to a big rectangular patio, that marks the space of the house.

Just three rooms then. A Franciscan bed in the lamia, a spartan living in the torretta and a small bathroom in the annex, where a plastic bowl is the washbasin. The industrial kitchen is outside, in the patio, en plein air. And all the stuff is in a hermetic metallic cupboard.

This is a traditional rural architecture seen by a designer of Apulian origins, but who has always lived far away from here. A renovation just suggested. Transparent, mimetic, fittings. To let nature and architecture be protagonists.

Una piccola torretta ostunese, tra olivi secolari e querce, bianca di molti strati di calce ed ingentilita da una frivola pergola da un lato. Collegata ad una lamia ed ad un grande patio rettangolare, che segna il limite della casa.

Solo tre ambienti quindi. Una camera da letto francescana nella lamia, uno spartano living nella torretta ed un piccolo bagno, in un corpo annesso, dove una bacinella di plastica fa da lavandino. La cucina industriale è fuori, nel patio, all'aria aperta. E tutta la roba è in un armadio metallico a tenuta stagna.

Questa è la più tradizionale architettura di Puglia vista attraverso gli occhi di un designer con origini brindisine ma che ha sempre vissuto molto lontano da qui.

Un intervento appena accennato, un arredo trasparente, quasi mimetico. Per lasciare la natura e l'architettura protagoniste.

Above, the entrance to the patio.
In alto, l'entrata al patio.

Right, the torretta with the arbor.
A destra, la torretta con la pergola.

Next pages, the exterior kitchen.
Nelle pagine successive, la cucina esterna.

Above, the bathroom with the plastic basin.
In alto, il bagno con il lavandino di plastica.

Left, a corner of the patio.
A sinistra, un angolo del patio.

## peaceful trulli style
# Trulli roof house

A house with cone shaped roofs and some small trullis crowded in a wonderful garden of olive trees and rosemary shrubs, green lawns and white paths. Full of bright colours, energy and peace. In a labyrinth of corners to rest, relax and have a nap. Or areas with an irreverent charm to meet friends, eat or sunbathe.

Inside, a black and white open space for the living area and the kitchen, where tradition and high tech meet together. The black of the modern fittings against the white of the ancient stone.

In the bedrooms, another mood. Intimate, cosy, captivating. Where grey, ochre, lilac play with light and shadow to assure sweet dreams.

Going outside and climbing a few steps, the charming terrace to enjoy the landscapes: the sky, the garden, the cones.

Above, the wooden bench at the entrance to the house.
In alto, la panca in legno all'ingresso della casa.

Right, a side of the house with the ancient cones.
A destra, un lato della casa con i coni antichi.

Next pages, the black kitchen and the living room.
Nelle pagini seguenti, la cucina nera ed il living.

Una casa con i tetti a cono e alcuni piccoli trulletti assiepati in un magnifico giardino di ulivi e rosmarini, prati verdi e sentieri bianchi.

Pieno di colori vivaci, vibranti di energia e di pace. In un labirinto di angoli nascosti dove riposare, rilassarsi e schiacciare un pisolino. E zone dal fascino sfacciato, dove incontrare amici, pranzare, prendere il sole.

All'interno, un grande open space bianco e nero, con il living e la cucina, dove la tradizione incontra l'high tech. Il nero, modernissimo, degli arredi, contro il bianco, vetusto, della pietra.

Nelle camere da letto, un'altra atmosfera. Intima, raccolta, accattivante, Dove il grigio, l'ocra ed il lilla giocano con le luci e le ombre per assicurare dolci sogni.

Riuscendo fuori e percorrendo pochi gradini, un'altra suggestione, la terrazza da cui godere dei panorami: il cielo, il giardino, i coni.

The bathroom made by Marco Ippolito and a view of the fireplace.
Il bagno realizzato da Marco Ippolito e una veduta del camino.

Right, the bedroom.
A destra, la camera da letto.

Above, the big terrace.
In alto, la grande terrazza.

Left, the pool.
A sinistra, la piscina.

Previous pages, the outdoor dining.
Nelle pagine precedenti, il pranzo esterno.

# Trulli with manger

An unbelievable Trulleria between Monopoli and Fasano, standing on the rocks with proud and clear cones, that seem in relief on the thick wood on the background.
The little square of the ancient manger that becomes a dance floor in the starry nights, on the right.
And an outdoor canopy where enjoying some fresh air on the left.
Inside, a long open space: the manor bedroom, the dining-room with a little kitchen on the back, and the charming living room, full of objects, collected one by one, chosen, selected, loved.
Projection and continuation of the interiors, the big, white arbour outside that, like a huge hut, lovingly envelops in its freshness the guests for calm hours and idle moments.

Un'incredibile Trulleria tra Monopoli e Fasano, svettante sulla roccia con coni orgogliosi e nitidi, che appaiono come a rilievo sulla selva assiepata sullo sfondo.
L'antico piazzale della mangiatoia che diventa una perfetta pista da ballo nelle notti stellate, sulla destra. E un baldacchino dove godere di un po' di aria fresca, a sinistra.
Dentro, un lungo open-space, con ambienti comunicanti senza soluzione di continuità: la camera da letto padronale, il pranzo con piccola cucina sul retro, l'affascinante living, popolato da oggetti raccolti ad uno ad uno, scelti, voluti, amati. Proiezione e continuazione dell'interno, il grande pergolato bianco esterno, che accoglie gli ospiti amorevolmente, come un'antica capanna vocata ad essere un riparo per ore tranquille e ozi creativi.

Above, the view of the trulli parade.
In alto, una veduta dell'infilata di trulli.

Right, the entrance to the trullo.
A destra, l'ingresso al trullo.

The fireplace and the kitchen's niche.
Il camino e la nicchia con la cucina.

Left, the dining room.
A sinistra, il pranzo.

The bedroom.
La camera da letto.

The side entrance, from the ancient "aia".
L'ingresso laterale, dall'antica aia.

Right, the ladder to the store.
A destra, la scaletta che porta al ripostiglio.

Above, the ancient manger.
In alto, l'antica mangiatoia.

Left, outdoor "cannizzo".
A sinistra, il "cannizzo" esterno.

Previous pages, the big patio.
Nelle pagine precedenti, il grande patio.

## rock trulli style
# Trulli villa

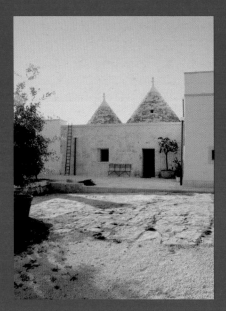

A group of Trulli restored with joy.
With the almost rock energy of someone who entertains the idea of glamour details, loves colours, vintage and new things.
A young family conquered by the idea of restoring a group of Trulli in Valle d'Itria and establish there a special place, a revised reading of Puglia, for quiet times, amongst family and friends, a place to rest and host.
A sort of amusing game starts, that transforms the old and grants it another shine, giving a fluorescent light or a metallic reflection. With the awareness of someone who knows very well the place and its history. With the alchemic accuracy that can give a taste of lived even to what has just been restored or who can find a place to things that actually don't have one. With the grace of someone who knows where to stop, where to find the right balance and where to insert the breaking point.

Un complesso di trulli ristrutturati con gioia.
Con l'energia un po' rock di chi coltiva il dettaglio glamour, ama i colori, il vintage e il nuovo.
Una giovane famiglia che viene conquistata dall'idea di recuperare un complesso di trulli in Valle d'Itria e di creare un luogo speciale, che sia una lettura rielaborata della Puglia, per giorni tranquilli, tra parenti e amici, dove riposarsi e ospitare.
Nasce un gioco divertente che trasforma l'antico e gli conferisce un altro smalto, dandogli una luce flou o un riflesso metallico. Con la sapienza di chi conosce bene i luoghi e la storia. Con la precisione alchemica di chi sa dare il sapore del vissuto anche a ciò che è appena stato recuperato o che sa trovare un posto a ciò che concettualmente non ce l'ha. Con la grazia di chi sa dove fermarsi, dove trovare l'equilibrio o dove inserire l'elemento di rottura.

Above, the exterior of the villa.
In alto, l'esterno della villa.

Right, the entrance to the house.
A destra, l'ingresso della casa.

Next pages, the living room.
Nelle pagine seguenti, il soggiorno.

A view of the trullis parade.
Una veduta della infilata di trulli.

The manor bedroom.
La camera di letto padronale.

Previous pages, the dining room and the kitchen with the XVIII century's "maioliche" by Nicola Giustiniani.
Nelle pagine precedenti, la sala da pranzo e la cucina con le maioliche settecentesche di Nicola Giustiniani.

The bathroom with the cocciopesto and the washbasin made by Marco Ippolito.
Il bagno con il cocciopesto e il lavello realizzati da Marco Ippolito.

The guest bedroom.
La camera da letto ospiti.

Next pages, the ancient ladder.
Nelle pagine seguenti, l'antica scaletta in legno.

Details.
Dettagli.

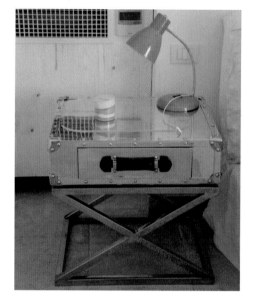

Above, the pool.
In alto, la piscina.

Left, the outdoor canopy.
A sinistra, il baldacchino esterno.

Previous pages, the outdoor dining room.
Nelle pagine precedenti, il pranzo esterno.

The little girl's bedroom.
La camera da letto della bambina.

## rural trulli style
# Trulli court

A large house with cone shaped roofs on a side of a "tratturo" in the Fasano's Selva.
Mysterious, surrounded by Mediterranean palms, barely restored outside. Then suddenly cosy warm lively inside. A world apart. Exactly like the owners wanted it to be. A place just for themselves, for kids, for friends. Where taking refuge, far away from everything.
A rough approach, and a poetic development, helped by an L-shaped structure. A courtyard, surrounded on two sides by the residential structure and a true and proper "hortus conclusus" with the ancient pergola, the oven, the place for outdoor lunches, in the heart. An amazing surprise. A magnetic centre. And then, from here going forward, a long continuous landscape to discover. Until the pool, the grove and the valley.

Una grande casa con i tetti a cono sul limitare di un tratturo alla selva di Fasano.
All'esterno misterioso, curiosamente circondato da palme, ritoccato appena. E, all'interno, improvvisamente caldo, accogliente, brioso. Un mondo a parte. Esattamente come i proprietari volevano che fosse. Un posto tutto per loro, per i bambini, per gli amici. Dove rifugiarsi, lontano da tutto.
Un approccio ruvido ed un prosieguo poetico, adiuvato da una struttura ad "elle". Una corte circondata su due lati, dall'inseguirsi dei coni e delle stanze, ed un vero e proprio "hortus conclusus" nel cuore della struttura, con la vecchia pergola, il forno il pietra, la zona-pranzo. Una sorpresa affascinante. Un centro magnetico. E poi, da qui in avanti, un lungo, continuo, panorama da scoprire. Fino alla piscina, il bosco, la valle.

Above, the entrance to the trullo.
In alto, l'ingresso al trullo.

Right and next pages, the pool.
A destra e nelle pagine seguenti, la piscina.

The interiors of the house.
La successione di ambienti della casa.

Left, the outdoor dining.
A sinistra, il pranzo esterno.

A corner of the living.
Un angolo del soggiorno.

The manor bedroom.
La camera da letto padronale.

The "biliardino".
Il "biliardino".

The fireplace.
Il caminetto.

Above, the pool.
In alto, la piscina.

Left, the hammocks under the tree.
A sinistra, le amache.

# Trulli with "aia"

A cluster of trulli bound together, with an ancient round farmyard in front of them, at the end of a forgotten "tratturo" in Itria Valley. A place wanted especially for oneself, for relaxed days, in order to take a break and to let the enchantment run. To indulge in front of a fireplace big as an entire room, where the light comes perpendicular from a hole on the roof. To dip into a reading in the middle of a wrapping dome, high as in a church and painted with a warm, earth colour. To shut away in a secluded bath room, where just a long transparent wall separates the shower from the olive grove and a chaise longue extends the relax generated by water, stones and trees. To wake up in the morning in front of a cone-shaped roof, as in a fairytale. To swim into a small and quiet swimming pool, leaning against the house, like an old basin for laundry, under the shadow of a peach tree.

Un capannello di trulli raccolti, con un'antica aia davanti, inoltrati in un tratturo dimenticato della valle d'Itria. Un luogo voluto soprattutto per sé, per giorni tranquilli, per spazi in cui staccare da tutto e farsi solo trasportare dall'incanto.
Per abbandonarsi al tepore di un camino grande quanto un'intera stanza, bucata in alto da una lama di luce che arriva a perpendicolo. Per concedersi una lettura al centro ci una cupola avvolgente, alta come quella di una chiesa e intonacata di una terra morbida come un velluto. Per chiudersi in una sala da bagno privatissima, dove solo una lunga parete trasparente separa la doccia dall'uliveto e una dormeuse prolunga il piacere di un relax generato dall'acqua, dalla pietra, dagli alberi. Per svegliarsi la mattina su un panorama di tetti a cono, come in una fiaba. Per fare un bagno in una piccola piscina raccolta, appartata, appoggiata alla casa come una immensa, vecchia, pila per il bucato, all'ombra di un pesco.

Above, the big "aia".
In ato, la grande aia.

Right, the entrance to the trullo.
A destra, l'entrata al trullo.

Next pages, the charning living.
Nelle pagine seguenti, l'affascinante soggiorno.

The kitchen in the niche.
La cucina nella nicchia.

The dining room.
La sala da pranzo.

Left, the fireplace room.
A sinistra, la stanza col camino.

Above and right, the bathroom.
In alto e a destra, la sala da bagno.

Above, the outdoor terrace on the olive tree grove.
In alto, la terrazza esterna sull'uliveto.

Left, the bedroom from the cones.
A sinistra, la camera da letto vista dai coni.

Previous pages, the pool.
Nelle pagine precedenti, la piscina.

## shabby trulli style
# Torretta with "lamia"

Preserving is the policy of this ancient "torretta". Restored old furniture, recycled objects, creative artworks.

And an atmosphere given by little old things that come into focus as you get closer. Where every part is the result of a precise thought. It has a soul and a story. The past of items discovered in local markets, items invented for a new life, items seen ironically or poetically.

Just one rule: white or neutral colors. Outdoor and indoor.

In order not to disturb the eye, but to enjoy fully this corner of countryside, to make rest and relax easier. And to preserve the purity of an ancient Puglia, of stone and lime, of innocence and whiteness.

A Puglia so far and so close.

Conservare è il dictat di questa antica "torretta". Pezzi restaurati di antiquariato povero, oggetti riciclati, interpretazioni creative.

Ed un'atmosfera data da piccole cose vecchie che si mettono a fuoco via via che ci si avvicina. Dove ogni parte è il risultato di un pensiero preciso. Ed ha un'anima ed una storia. Il passato di oggetti ritrovati nei mercatini, o reiventati e ripensati per una nuova vita o visti all'improvviso con ironia o con poesia.

Con una sola regola: bianco e colori neutri. Sia all'interno che all'esterno.

Per non disturbare la vista, per godere appieno di questo angolo di campagna, per facilitare il riposo e il relax. E per preservare la purezza di una Puglia antica, fatta di pietra e di calce, di innocenza e di candore.

Una Puglia così lontana e così vicina.

Above and right, the outdoor patio.
In alto e a destra, il patio esterno.

Next pages, the dining room.
Nelle pagine seguenti, la sala da pranzo.

146

Above and left, the entrance to the bedrooms' zone.
In alto e a sinistra, l'ingresso alle camere da letto.

Next pages, the two bedrooms.
Nelle pagine seguenti, le due camere da letto.

The bathroom and details.
Il bagno e i dettagli.

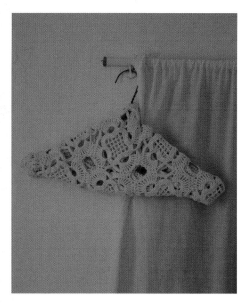

Above and left, the outdoor sofas.
In alto e a sinistra, le sedute esterne.

Previous pages, the hammocks in the shadow.
Nelle pagine precedenti, le amache all'ombra.

# sophisticated trulli style
# Trulli parade

A perfect Apulian rural context, many cones in a procession and an instantly falling in love. An Emilian family decides to choose this place as their base for quiet times. And to transform this corner of Puglia in a pleasant retreat, where to return every year, every holiday, every free moment. To see the trees growing and the house become more and more beautiful. To play with the grey and white of trullis and their lime and where to let pottery and hot peppers red leap. To play with design and fashion: the "arte povera" and the rediscovered objects. To carve out special views of the garden, the swimming-pool, or other cones. Bringing the inside outside and the outside inside. Where to devote the body to relax and the mind to rest. Where to go back to oneself.

Un perfetto contesto rurale pugliese, una sequenza di coni in processione ed un innamoramento istantaneo. Una famiglia emiliana decide di eleggere questo luogo come base per giorni sereni.

E di trasformare questo angolo di Puglia in un 'buen retiro' dove ritornare ogni anno, per ogni vacanza, per ogni momento di relax. Dove vedere crescere gli alberi e la casa farsi più bella.

Dove giocare con il bianco ed il grigio dei trulli e della calce e dove far guizzare il rosso della ceramica e dei peperoncini. Dove divertirsi con il design e la moda. L'arte povera e gli oggetti riscoperti. Dove ritagliarsi speciali panorami sul giardino, sulla piscina, su altri coni. Proiettando gli spazi interni all'esterno e quelli esterni all'interno.

Dove consacrare il proprio corpo al relax e la propria mente al riposo. Dove ritornare a sé.

Above, the entrance to the trullo.
In alto, l'ingresso al trullo.

Right and next pages, the guest "lamia" outdoor and indoor.
A destra e nelle pagine seguenti, la "lamia" per gli ospiti.

Above, the bathroom with its relax zone outdoor.
In alto, il bagno con la zona relax esterna.

Left, the bedroom.
A sinistra, la camera da letto.

Another bathroom with a mirror out of the window to reflect the cone of the structure and to hide a service zone.
Un altro bagno con uno specchio fuori dalla finestra, che riflette il cono della struttura e nasconde una zona di servizio.

A armchair of Patricia Urquiola.
Una poltrona di Patricia Urquiola.

Right, the entrance to the house.
A destra, l'ingresso della casa.

The outdoor dining space with an ancient door used like a table.
Il pranzo esterno con una porta antica adattata a tavolo.

Left, the big kitchen and on the back the vertical vegetable garden.
A sinistra, la grande cucina e, sullo sfondo, l'orto verticale.

Next pages, details and the private spa.
Nelle pagine seguenti, dettagli e la spa privata.

Above, another corner of the garden.
In alto, un altro angolo del giardino.

Left, the pool.
A sinistra, la piscina.

Previous pages, the charning canopy with the sofas
by Talent Italia.
Nelle pagine precedenti, l'affascinante baldacchino
con i divani di Talent Italia.

www.congedoeditore.it
© Congedo Publishing novembre 2011 – Galatina (Le) – Milano – Italy
ISBN  9788896483145

Printed by: PUBLISH – San Giovanni Teatino (Ch)


Photos Congedo Editore Archive
Photos pp. 80-81 by Alex Moggio


Translations by: Frank Marani